北大学姐的高分秘籍

李若辰 著

北京联合出版公司
Beijing United Publishing Co.,Ltd.

CONTENTS —— 文科学习有方法

古典文学搞不懂？强推三部纪录片	002
一学就会的作文提高法	004
议论文的高分套路	006
学霸的写作三步法	008
高考一类作文长什么样	011
无笔不读书	013
一招教你读懂诗词古文	016
历史考年级第一的学习方法	018
读小说考上北大中文系	020
中学必读散文推荐	023

理科学习不放弃

数学偏科别着急，教你如何高效刷题　　026

解决做理科题粗心马虎的妙招　　028

曾经数学挂科，也能上北大　　030

老师是"大腿"，记得要抱紧　　032

扭转数学劣势有门道　　034

英语学习懂技巧

这样刷题太憨了	038
三个习惯让你学好英语	040
私藏多年的三个英文网站	043
英语基础差？做文本精读	045
你真的会用英语辞典吗	049
能听的"三明治"	052
怎样背单词才能战胜遗忘曲线	054
如何在短时间内扩大词汇量	056
假期做好三件事，轻松提高英语成绩	058

04 面对考试不紧张

有一份考场锦囊请签收　　　　　　062

考前高效复习法　　　　　　　　　065

考前冲刺的那点儿事　　　　　　　068

训练这样的思维方式，考试才能拿高分　070

悄悄告诉你老师判卷的秘密　　　　072

自信走向考场，你叫"不紧张"　　　074

考试失利也是"宝"　　　　　　　076

05 求学之路莫彷徨

背诵的"保姆级"教程	080
"高端玩家"的错题操作指南	082
做好"排雷"工作	084
一张作息表,从不及格逆袭上北大	086
学习就是在脑海里"织一张网"	089
保持专注高效,不做"困"难户	091
你也可以过目不忘	093
戒手机的组合拳	096
画出来的思维	098
五个字母让你完成逆袭	100

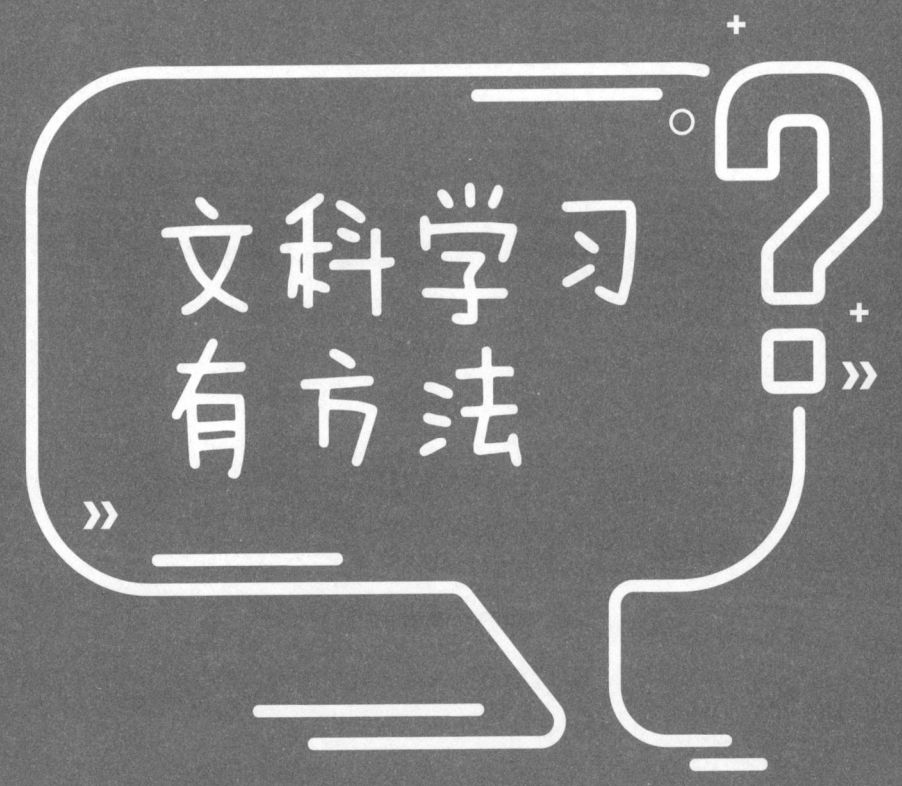

古典文学搞不懂?
强推三部纪录片

很多同学都觉得自己读不懂那些"高深莫测"的文学作品,这对语文成绩影响特别大。我在学习的过程中发现了一些特别好的纪录片,对语文学习很有帮助,推荐给你:

第一、二部是《唐之韵》《宋之韵》系列。

这是国内第一次用纪录片的方式关注古典文学作品,它在喧闹的电视屏幕上表达出千古幽香的书卷气,使我们领略到中国文人的胸襟与气度,非常适合开阔眼界,拓展文学知识。

第三部是《掬水月在手》。

叶嘉莹先生是我最崇拜的中国古典诗词大师,她的一生十分传奇,历经战乱、迫害、海外飘零,晚年回归中国重续了古典诗词的命脉。这部纪录片充分展现了叶先生的个人生命与古典诗词的交融，看完之后会对很多诗歌豁然开朗。

纪录片就如影像化的历史书，通过纪录片学习文学，既有趣又有效，很适合在课余时间观看。

一学就会的作文提高法

作文是语文试卷中分值最大的一个部分,作文写好了,语文成绩一定不会低。我通过多年学习,跟大家分享一个能把作文写得越来越好的办法——广泛阅读语言优美、思想深刻的好书、好文章。

平时读书的时候手不离笔,把里面的好词、好句画出来,可以是精彩的景物、人物描写,或者是戳心的抒情、议论。每读完一篇文章之后,把这些句子摘抄在积累本上。

但光抄可不行,你要写下来为什么喜欢这些句子,它们精彩的地方是什么,引发了你的什么联想。你也可以把书中触动人心的人物、故事简单概括一下,再写出自己的思考。

这样积累下去,你的语言表达和思维能力都会提高,还能拥有属于自己的写作素材集，作文当然就会越写越好了。

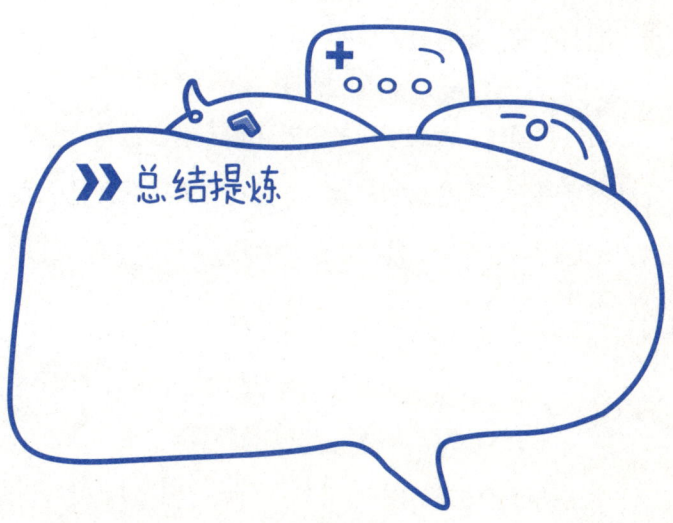
总结提炼

# 议论文的高分套路

很多人都想知道,到了高中,作文还能套模板吗?

这事儿我还挺有发言权的,我读高中的时候作文写得特别好,经常被当作范文印发给全年级同学,但我的文章也是有套路的,总结起来就三句话:

第一段扣题写主论点;第二至第四段,写三个分论点,加上论据;第五段总结再扣题。

虽然有模板,但如果只是生搬硬套、内容空洞,也肯定拿不了高分。写作必须"真",只有你真正感受过、思考过的东西,才最有可能打动阅卷老师。

这就要求我们在平时要多观察、多读书、多思考，最重要的是一定要勤动笔，把好论据和迸发的灵感整理在积累本上，经常翻看，才会在考场上文思如泉涌。

总结提炼

 ## 学霸的写作三步法

如果写作是你的痛点,千万别灰心,掌握了提升写作能力的方法,你也可以成功逆袭。要知道,清华北大的学霸也不是一开始就能把作文写好的。

那么该怎么做呢?

第一,建立自己的素材库,保持更新整理。

在日常阅读中,遇到自己喜欢的、有感触的句子,就随手把它们记录下来。如果你不喜欢手写,也可以在电脑里建立一个素材文档。

在逐步增加素材库里内容的同时,要记得定期进行整理、分类、复习通读,不要到写作文的时候才东拼西凑,以免"书到用时方恨少"。

第二，模仿大师的写作手法，自己进行练习。

要想有更卓越的写作水平，就要阅读名家大师的经典作品，同时分析其中精妙的篇章和段落，把大师的写作方法和技巧进行总结提炼，模仿着去写作。在不断练习的过程中，逐步加入个人的思考和启发，久而久之就可以形成属于你自己独一无二的写作风格了。

第三，文章不厌百回改，写作后的修改很重要。

好文章是改出来的，反复修改是写好文章的必经之路。一篇文章写完后，一定要至少通读一遍，检查自己的开头是否简练，中间段落有没有围绕主旨，按照特定的结构和发展定向叙述。同时也要看看有没有错别字，遣词造句是否通顺自然。最后可以再精读几遍，优化语言，去除冗余。

写作没有最好，只有更好，它需要灵感的碰撞，但更需要坚持。

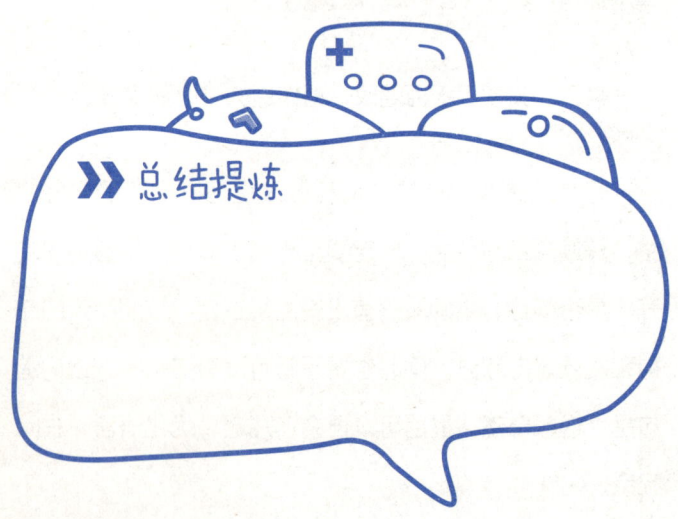

高考一类作文长什么样

第一，结构清晰。

大考阅卷时，阅卷老师大概十几秒就会看完一篇作文，所以写作文的时候，一定要一眼就让阅卷老师看到你的主论点、分论点和论据。推荐"五段论"写法——开头亮出主论点，主体部分列出三个分论点，并用合适的论据加以支撑，结尾再次重申主论点——这种结构非常稳妥。

第二，内容丰富。

用来支撑论点的论据越多越好，每一个分论点至少写出两三个论据，这样的文章容易得高分。

第三，立意深刻。

如果想冲击满分作文，就要写出一些能让阅卷老师眼前一亮的独到见解。这就要靠平时广泛的阅读、积极的思考和大量的积累了。

第四，语言准确流畅。

其实，对于考场作文来说，语言自然流畅是最好的，如果使用一些晦涩难懂的表达或者过于华丽的辞藻，反而有风险。

总结提炼

无笔不读书

从儿童绘本到经典名著，从网络小说到名家作品，自小我们就看过很多书，但你真正记住的又有多少？读书千万不能只是"读"，要记住，无笔不读书。

在读书的时候，手里始终要拿着一支笔，你可以选择自己喜欢的颜色，边读边画出书中的关键词句。一本书不是从头到尾翻一遍就算读完了，这样不仅浪费了时间，你也没有太多收获。读完书一定要及时进行积累和回顾。有一套很实用的读书方法，叫"CQCQ"，由四个部分组成：

第一，conclusion（总结）。

你需要对书的大意进行总结，这可以锻炼你的概括能力，语文阅读题中有一个题型就是概括题，多进行这样的训练，考试中遇到这类试题你一定会拿高分。

第二，quote（摘抄）。

把这本书中给你留下深刻印象的语句和段落摘抄下来,并在积累本上写出你的感受和思考,这将对你以后的写作大有益处。

第三,connection(联想)。

这本书会引起你的什么联想呢?也许是你自己亲身经历的故事,也许是校园里或社会上发生的现象,积极联想会训练思维能力。但光想还不行,还要把它记录下来,这才可以成为你今后写作的素材。

第四,question(提问)。

读完这本书,你有没有好奇或者困惑的地方?可以借助工具进行查询解惑,也可以和小伙伴或者爸爸妈妈讨论,在讨论中说不定会催生灵感的迸发。你甚至可以提出和作者完全不一样的观点，如果能沿着这个问题进一步探索，对书中内容会有更加深入的理解。

记忆是思考的灰烬，读书的时候要链接到自己的生活，产生思考，这些素材才会转化为内在的东西，这本书才算没有白读。

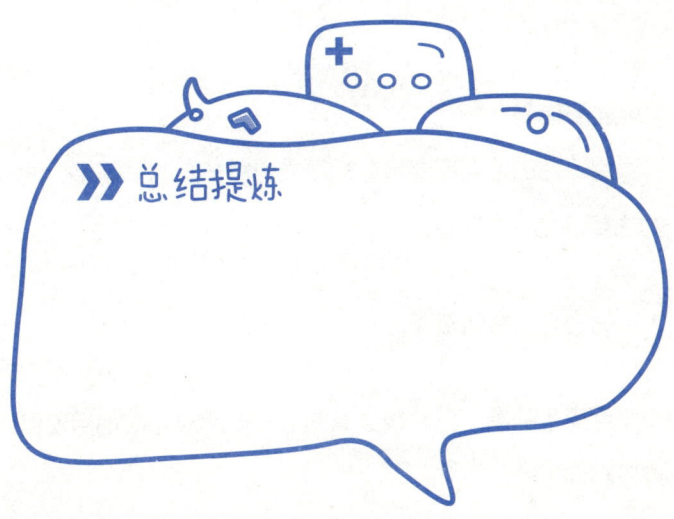

一招教你读懂诗词古文

这个方法叫作"三行对译"。顾名思义,就是在学习诗词和古文的时候,要把笔记写成三行。

第一行,写古文原文。

用黑色的笔把原文在笔记本上写下来,注意写的时候下面要空出位置。

第二行,写关键字、词的意思。

用红色的笔对照课本,把原文里每一句的关键字、词的注释标在原文下面。

第三行,整句翻译。

用蓝色的笔,把整篇文章的每一句话都对应地用现代汉语翻译一遍。

这样做一遍笔记之后，你对这篇古文的认识就会特别清晰和透彻。考试之前，再对照着笔记本复习一下，就什么题都难不倒你了。

总结提炼

历史考年级第一的学习方法

很多同学都觉得历史知识点既庞杂又容易混淆,考试的时候常常会把时间或者历史事件记混。有一个方法能让历史知识点变得很有条理,那就是画历史时间轴。

准备一张干净的A4纸,横着在纸中间画一条轴线,并在上面标出重要的历史时间点。

在轴线下面写出历史事件的名称、详细时间、发生地点,上面对应写出事件的意义、主要参与人物等。两个历史阶段之间,还可以补充政治、经济、文化等相关信息。

从古代史到近现代史,从中国史到世界史,我高考前把这一整套时间轴画了很多遍,厚厚的几本书变成了几张纸,把书读薄之后,所有知识点都印在了我的脑子里。

但是学历史不能死记硬背,我也建议大家在课余时间多看纪录片、读科普书，全面了解古人先辈的真实生活，理解了再去记忆，效果会更好。

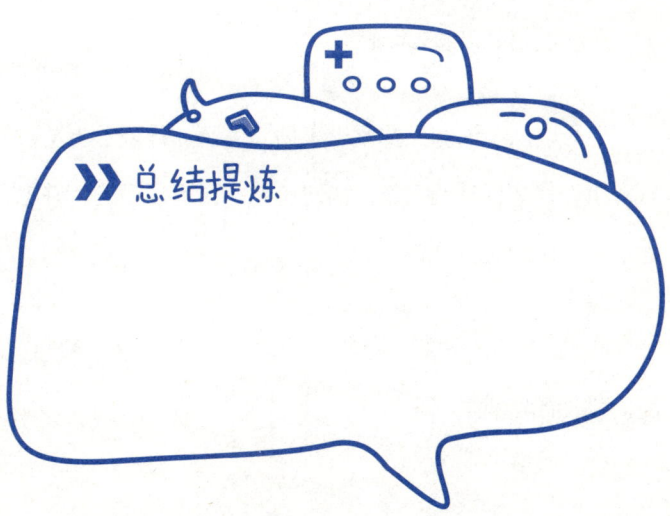

>> 总结提炼

读小说考上北大中文系

很多人都问我是怎么考上北大中文系的,其实没别的,就是多读书。

我最爱读的是小说,从儿童文学到古典名著,从小到大读了很多。我很享受沉浸在文学世界里的感觉,而且我的阅读能力、写作能力也由此有了本质性的提高。

那小说到底该怎么读呢?

你可以从小说的三要素(人物、情节、环境)出发,分析小说是如何塑造人物、构建情节、营造环境的,并思考它要传达的主旨思想。

鲁迅、巴金、茅盾、老舍、沈从文、张爱玲等名家的作品,都很值得阅读。

下面是我做的小说推荐书单，用上面说的方法读完它们，你的语文成绩一定会有很大提升。

现当代文学推荐书单

作者	作品
鲁迅	《呐喊》《彷徨》
茅盾	《子夜》《春蚕》
巴金	《家》《春》《秋》《雾》《雨》《电》《憩园》
老舍	《骆驼祥子》《四世同堂》《茶馆》《断魂枪》
曹禺	《雷雨》
沈从文	《边城》《湘行散记》
张爱玲	《金锁记》《倾城之恋》
萧红	《呼兰河传》
钱锺书	《围城》

茅盾文学奖获奖作品

作者	作品
路遥	《平凡的世界》
霍达	《穆斯林的葬礼》
陈忠实	《白鹿原》
王安忆	《长恨歌》
贾平凹	《秦腔》
莫言	《蛙》

总结提炼

中学必读散文推荐

想要学好语文真的要多读书,给大家推荐完小说,我们再来看看散文。

从周作人的《喝茶》到丰子恺的《阿咪》,从朱光潜的《咬文嚼字》到朱自清的《背影》,散文能最大限度地反映人性并淋漓尽致地表达作者的感情,读来让人回味无穷。

下面的散文和散文集非常适合中学生看,课余时间不妨拿来阅读。

作者	散文(集)	推荐出版社
鲁迅	《朝花夕拾》	人民文学出版社
周作人	《雨天的书》《故乡的野菜》《苦雨》《乌篷船》	上海三联书店
朱光潜	《谈美》	华东师范大学出版社
朱自清	《朱自清散文精选》《荷塘月色》《春》	人民文学出版社
冰心	《冰心散文》	人民文学出版社
丰子恺	《缘缘堂随笔》	江苏人民出版社
梁遇春	《春醪集》《泪与笑》	北京燕山出版社

（续）

作者	散文（集）	推荐出版社
郁达夫	《郁达夫散文》《故都的秋》	人民文学出版社
汪曾祺	《汪曾祺散文精选》	长江文艺出版社
林清玄	《林清玄散文精选》	长江文艺出版社
余光中	《余光中散文精选》	长江文艺出版社
季羡林	《季羡林散文精选》《幽径悲剧》《清塘荷韵》	长江文艺出版社
史铁生	《我与地坛》	人民文学出版社
余秋雨	《文化苦旅》	长江文艺出版社

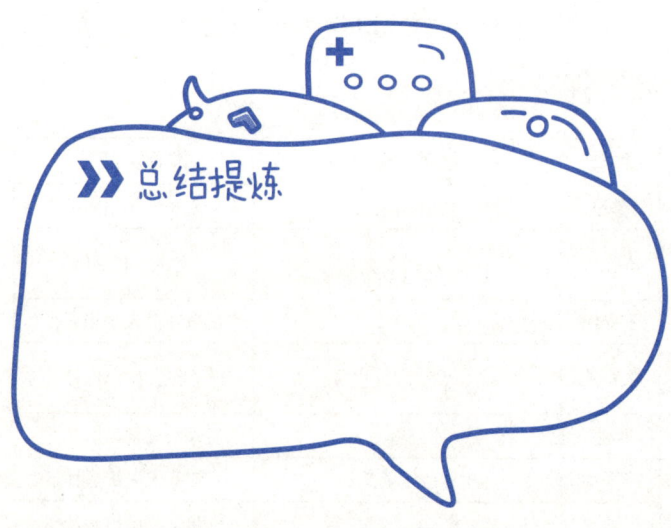

>> 总结提炼

数学偏科别着急，
教你如何高效刷题

我读高中的时候数学一度不及格，连带着我的总分也一落千丈，但高考的时候我却实现了逆袭，考了137分。我当年可没搞什么题海战术，而是用下面这三个方法高效做题的。

第一，只做好题。

临考前的时间很宝贵，千万不要浪费在烂题上，一般历年真题和大市区的模拟题质量比较有保证，只做这些即可。

第二，会的题可以不做，不会的题一定要做。

其实我上中学的时候也是会抄作业的，但是我抄的那些都是我会的题，如果是不会或者不熟悉的题，我就认真地把它做好并弄懂。高三的时候我坚持每天都做一道解析几何的大题，用了一个月的时间把这类题拿下，总分涨了近20分，效果真的很显著。

第三，一定要有属于自己的错题本。

别人总结的易错点是别人的经验，不一定适合你，只有你自己的错题集才是提分的法宝。所以越到考试前，每一道错题越不要放过，认真总结，考前复习，事半功倍。

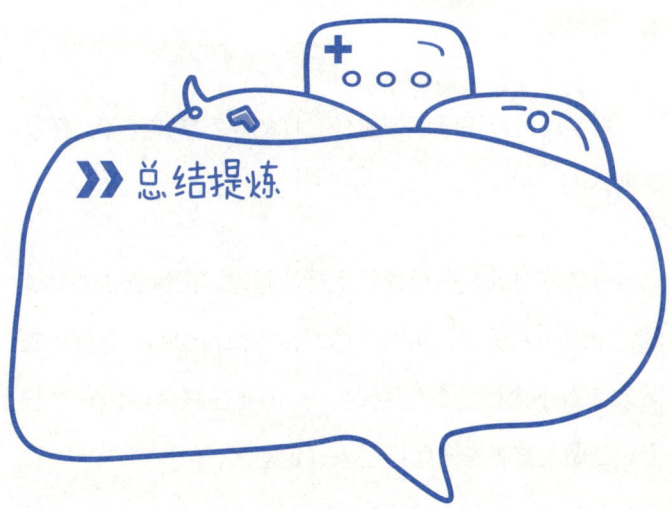

解决做理科题粗心马虎的妙招

很多同学一做理科题就会因为马虎而丢分,在这里跟大家分享一个减少马虎的妙招。

其实很简单,你看看自己做理科题的草稿纸是不是乱七八糟、见缝就写?

当你的草稿纸一片混乱时,你的思路很有可能也就跟着一起混乱了。

那学霸的草稿纸应该是什么样的呢?字迹工整,思路清晰。

考试的时候,在草稿纸上标清题号,把解题步骤写清楚,千万不要跳步,这对之后的检查很有帮助。遇到计算量大或者不太确定的题目时,一定要在题号前做一个标记,在做完整张卷子后再回来确定答案。

保持草稿纸的整洁，会在很大程度上减少马虎行为的发生，养成这个好习惯，你的理科成绩一定会提高。

总结提炼

曾经数学挂科，
也能上北大

我曾经也是个数学挂科的差生，不过最后在高考的时候成功逆袭，考上了北大，因为我做对了以下三点：

第一，树立信心。

你要相信自己能学好数学。满分不敢想，但是优秀还不能努努力吗？其实，在中、高考试卷里，难题只占20%，剩下的80%都是基础题和中等题，好好学习不自暴自弃，提高几十分根本没有问题。

第二，有选择地放弃。

如果你现在偏科比较严重，那就干脆有选择性地放弃最难的那些题目，比如选择和填空的最后一道题以及最后的大题。不要在这些你做不出来的题目上浪费时间，而是把时间多花在前面的基础题和答完卷的检查上，确保会的题不丢分。

第三，回归基础。

如果你连基本的概念和定理都没搞明白，刷再多的题都是没有意义的，所以一定要先掌握基础知识。教材是最好的学习资料，把课本上面的公式、定理和例题都搞明白，基础分就能拿到大半了。

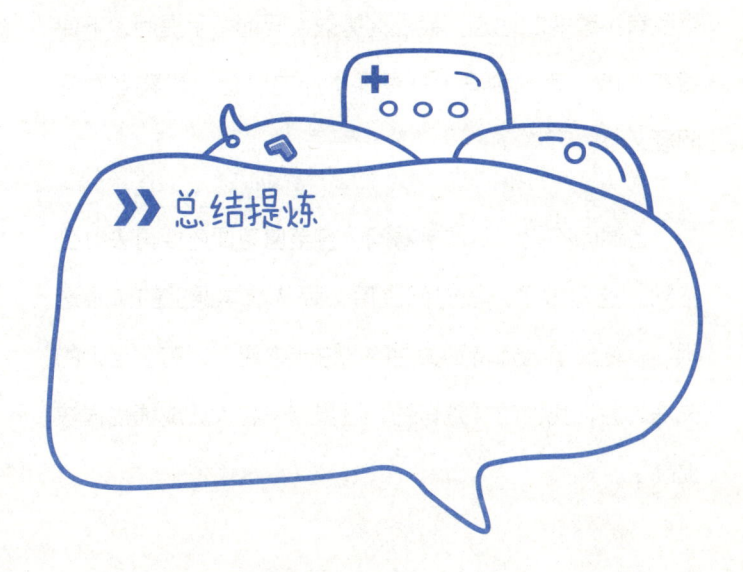

>> 总结提炼

老师是"大腿",记得要抱紧

因为学习成绩差就害怕老师?那你可真的太傻了。真正的学霸恰恰相反,越是学得不好的科目,越要多去找老师请教。我就是用这个办法,把数学成绩从不及格提到了130多分。

上课的时候,对于老师讲授的新知识点或者习题,如果我有不理解的地方,会立刻勇敢大胆地举手提问。下课铃声一响,我也会马上抱着课本冲向讲台,拦着老师问问题。

上课问不完,下课接着问,甚至自习课还要再去办公室问。这样做了一段时间之后,我从数学课上的"小透明",变成了老师特别关注的"进步之星"。有了老师的关注之后,我也越学越有劲,进步越来越大,成绩也很快提高了。

所以，如果你哪科成绩不好，千万别害怕，多去找老师问问题。其实，老师们很喜欢勤奋好问的孩子，也会通过你不懂的问题了解到你哪些方面还比较薄弱，更有针对性地帮你解惑。

》 总结提炼

扭转数学劣势有门道

大家都知道"木桶定律",一只水桶能装多少水取决于它最短的那块木板,所以想要总分高,千万不能偏科。高中的时候,我就是用下面这三个方法扭转了数学劣势。

第一,善用"黄金时间"。

想让劣势科目赶上大部队的步伐,大前提便是给它足够多的时间和精力。因此我在制订学习计划时也有所侧重,把每天晚上6点至8点的思维"黄金时间"留给数学。

第二,有所取舍。

为了节约时间,我会根据自己的情况灵活完成其他科目的作业,但数学作业我一定认认真真、不打折扣地做好。

第三，敢问、勤问、问到底。

我从不积攒不懂的问题，尽量多地向身边数学好的同学讨教具体知识和学习方法，即使自己认为很弱智、有些不好意思问的问题，也会硬着头皮请教。

这样坚持下去，相信半个学期，就会看见成效。

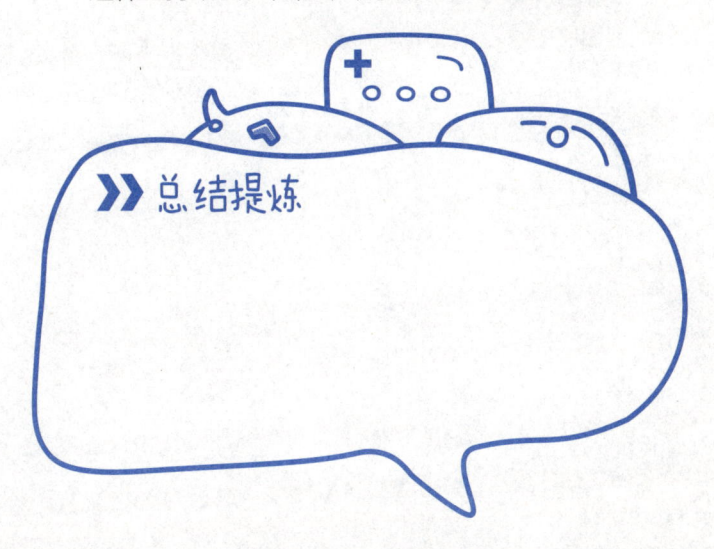

>> 总结提炼

英语学习
懂技巧

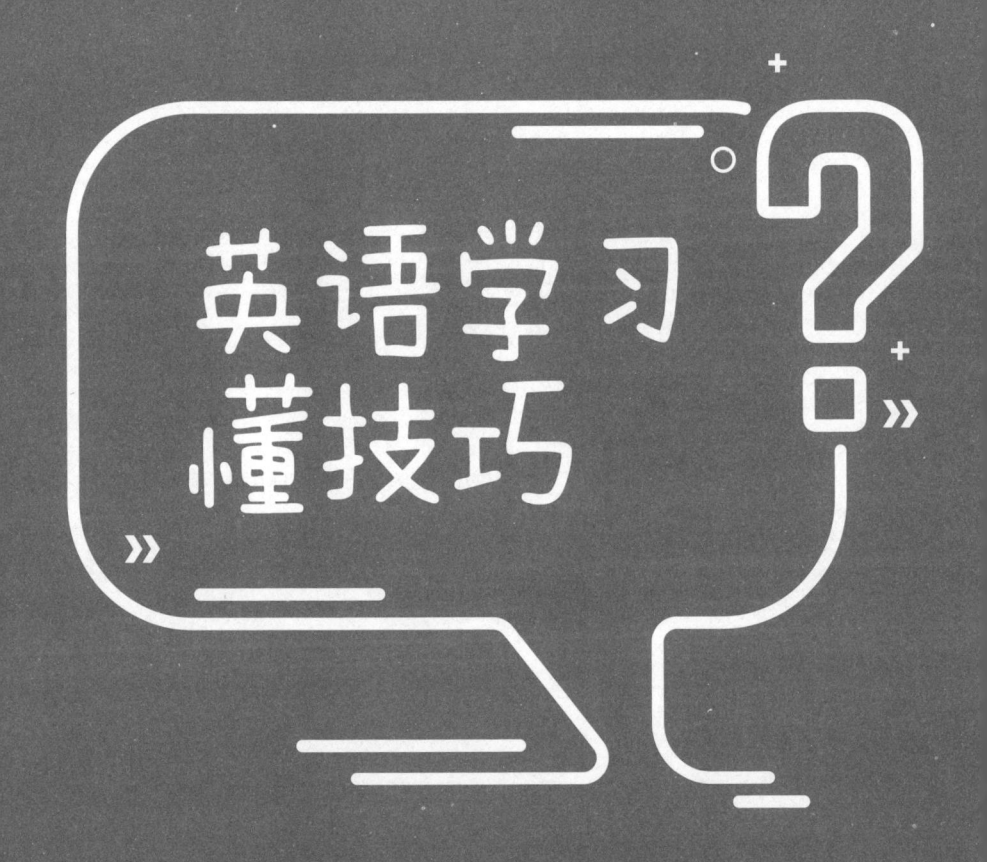

这样刷题太憨了

想要提高英语成绩,很多同学都会选择刷题。可是刷题不能埋头傻干,要找到最有效的方法。

第一,了解自己现阶段的英语水平。

比如,你现在的词汇量只在小学阶段,那刷高中的题是完全没有意义的,只会打击你的自信心。所以一定要去刷那些符合自己现阶段学习水平的题。

第二,清楚自己的短板。

明确短板才知道应该重点去刷哪些题。很多同学的英语成绩虽然不好,但并不是所有的题都做不对。要有针对性地去练习自己平时丢分最多的题型,这样刷题才事半功倍。

第三,卷子绝不是做完就可以丢在一边。

刷完一套题，一定要认真地对照答案，订正错题，并分析错因，还要把这些题目里面遇到的生词整理在一个单独的本子上，才算真正做完了这张卷子。

最后说一点，英语水平较差的同学一定要先抓基础题，打好基础，分数才会有保障。

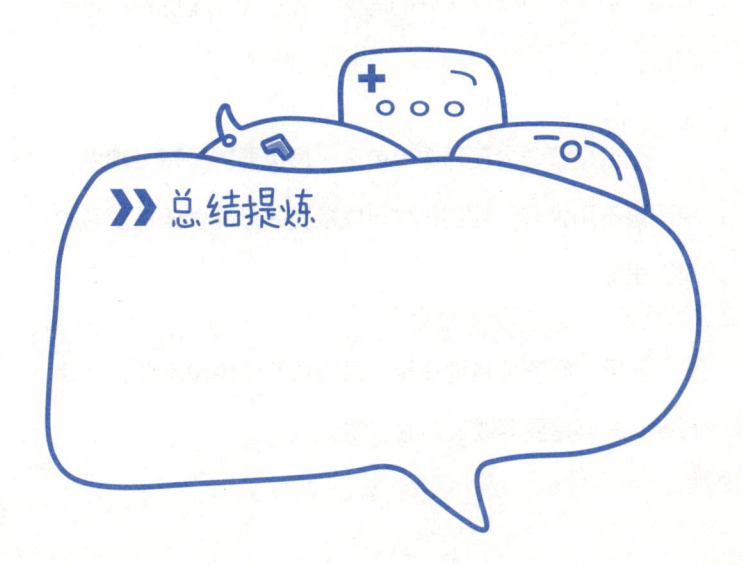

>> 总结提炼

三个习惯让你学好英语

很多同学都问我到底怎么才能把英语学好,我认为有三个很重要的学习习惯一定要养成。

第一,要养成背单词的习惯。

可以找一个你喜欢的单词书或手机上免费的App跟着背诵,如果是基础不太好的同学,先把课本里的单词背熟即可。

无论是背课内还是课外单词,最重要的是每天都做。单词量不用太多,控制在你可以接受并且能够坚持复习的范围里即可。

如果时间不是特别充足,每天背五个也没问题,水滴石穿,关键是要养成长期的习惯。

第二,做好课内的精读积累。

翻开课本,看一看里面的每一篇课文,你是不是真的完全理解了。完全理解指的是课文里的每一个字、词、句,都已经读透、读精。不要忘记把课文中重点的词、句整理到积累本上。课内是基础,一定要足够重视。

第三,拓展课外阅读。

这里的"读"并不是狭义上看书的"读",而是包括所有形式的英文输入,目的是要给自己创造一个英语语言环境。你可以听英文歌,看英文新闻、电影、电视剧还有BBC的纪录片、TED演讲等。此外,多读英文课外书和报纸杂志也会很有帮助。

总结下来就是词汇打基础,课内精读培养能力,课外拓展阅读做进一步的提高。

如果你能养成这三个习惯，英语一定可以学好。

>> 总结提炼

私藏多年的
三个英文网站

想要快速提高英语成绩，精读英语文章是很好的办法，给大家推荐三个好用且免费的英语阅读网站：

第一个，China Daily。

这是咱们国家级的英文日报，文章篇幅适中，长难句也不太多，对于学习英语的高级词汇和热点事件的英文表达很有帮助，适合高中生和成人学习。

第二个，Newsela。

这是一个主打时事新闻的英语网站，每篇文章都有好几个词汇难度等级，读者可以选择适合自己的来读。网站文章内容丰富，包含流行文化、世界政治、人物传记等，很适合青少年。

第三个，Wonderopolis。

这是一个英文科普网站，每篇文章回答一个有趣的小问题，还附有核心词汇表，让你在提高英语的同时丰富知识面，非常适合小学生。

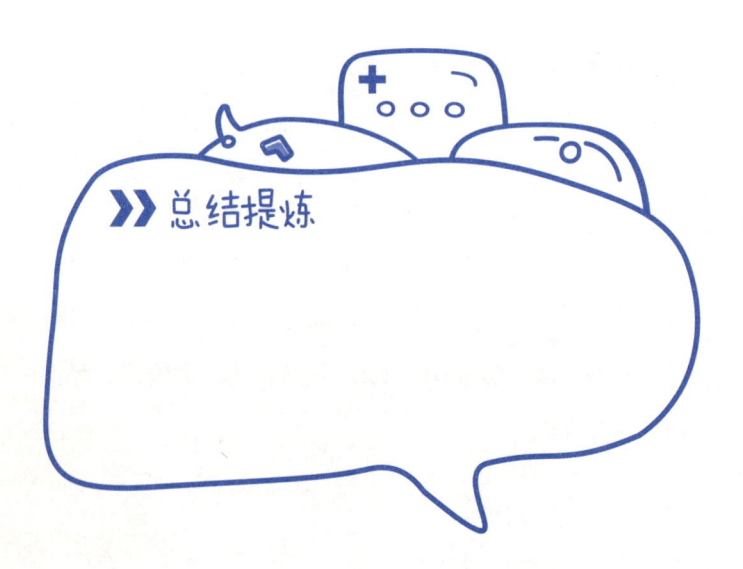

>> 总结提炼

英语基础差？
做文本精读

我上中学的时候英语成绩很好，经常得年级第一，因为我阅读和完形填空的正确率基本在95%以上。英语考试其实可以说是得阅读者得天下。

如果你的英语基础不是很好，别犹豫，快拿起你的课本精读每一篇课文。

所谓精读（Intensive reading）就是要把一个文本读细、读透，直到完全掌握，这个过程可以逐步提高阅读能力。

如何进行文本精读呢？

具体有五个步骤：

第一步，选择合适的精读文本。

一篇文章如果你能读懂七八成，它就是一个不错的精读文本。学校的课本里面每个单元都有需要精读的课文，如果你的英语基础稍微弱一些，可以先把课内的文本吃透。

第二步，对精读文本进行一遍通读。

第一遍读的时候不要查字典，只要看懂大致意思就可以，可以把不认识的单词、看不懂的句子标注出来，但不要让这些你搞不懂的词句绊住了脚步。

第三步，逐句读，逐词过。

这一遍读的时候再遇到不认识的单词和句子，就要立刻借用手头的工具弄明白，可以查字典也可以问老师和同学。

这是精读最核心的部分，一定要予以重视。

第四步，整理笔记。

用不同颜色的笔，把新学到的单词的中文意思、词组的固定搭配和重点句式有条理地整理到积累本上，以后再看就会一目了然。

第五步，经常复习。

这一步非常重要，人类大脑对新事物的记忆是有遗忘曲线的，长时间不复习，学过的知识等于白学。

我建议每周进行一次小复习，每月进行一次大复习。温故而知新，让这些知识点进入你的长期记忆。

英语是一门延迟满足的学科，不要急于求成，严格按照这五个步骤去做并且坚持下去，你的英语成绩一定会有提高。

总结提炼

你真的会用英语辞典吗

在学习英语的过程中，一个必不可少的工具就是辞典，但你确定自己真的会用辞典吗？跟大家分享三个使用英语辞典的小窍门，让你不在"查辞典"上踩雷。

第一，查单词的时候依次看完单词的所有词性、词义和例句。

英语中有些单词很特别，它们虽然词性不同、读法不同、意思不同，但长得却一模一样。所以，查辞典的时候，要在大脑里过一遍所查单词的所有释义，在考试中再遇到这个单词的时候，结合语境判断该选用哪个解释，才算真正掌握了这个单词。

第二，如果是电子辞典，在看的同时要同步听音频，跟读单词和例句。

学英语不只是为了考试，还为了日后的工作与交流。所以背单词的时候千万不要只用眼睛盯着看，更要用耳朵听、用嘴巴说。我上学的时候每天早晚都会听英语磁带，然后跟读单词和课文，坚持了十几年，这也为我后来出国留学打下了坚实的语言基础。

第三，建议英语水平较好的同学不要只看单词的中文解释，而是要把更多的注意力放在英文释义上。

有时，语言文化差异会让翻译"失真"，因此，看英文释义不仅能让你更加准确地理解单词的意思，还有助于建构你的英语思维。

最后我想告诉大家，查单词的时候千万不要直接在网上搜索。

网络上五花八门的解释很多，很难确定哪个是对的。也不建议大家用手机查，因为手机上诱惑太多，你可能查着查着就去干别的了。如果嫌翻书慢，可以选择没有娱乐干扰的电子辞典，让你专注学习。

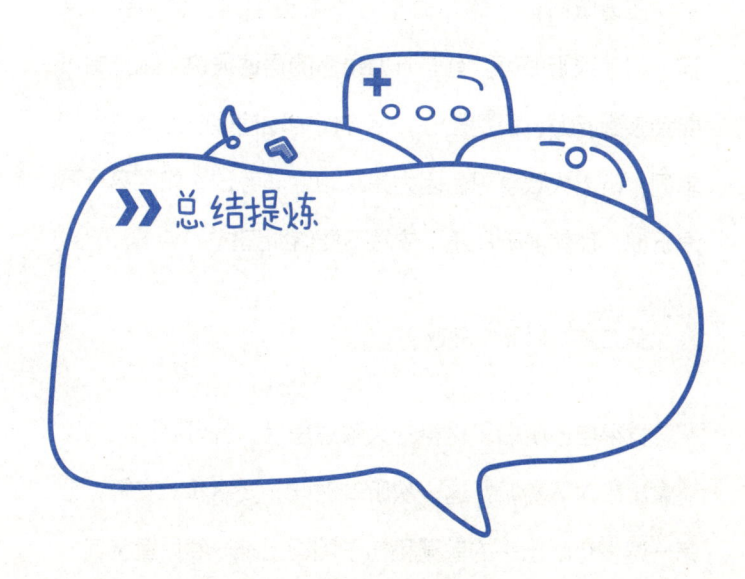

>> 总结提炼

能听的"三明治"

我的英语听力一直很好,英语考试的听力部分基本都是满分,那我是怎么做到的呢?给大家分享一个提高英语听力的好方法,叫作"三明治听力法"。

第一步,盲听。

在盲听阶段,练习时千万不要查字典,也不要看文稿,闭上眼听即可。有些听力录音的语速很快,刚开始可能会感到吃力,但别担心,尽你所能地捕捉听力材料中的单词,听出大致意思。因为是练习而非考试,如果第一遍没听懂,那就多听几遍,依然不要借助工具。

第二步,对照文稿听。

觉得自己明白了材料的大致意思后,就可以把听力文稿拿出来对照着听。这一次听的时候,要拿着一支笔,把第一遍没有听出来的单词和句子圈画出来,然后查字典,做听力文稿的文本精读,把它读透。

第三步，再次盲听。

完成文本精读后，把听力文稿放在一边，再听一遍。你会发现，之前那些含糊的单词和句子这次都能听懂了。

坚持练习下去，你的听力能力就在这个过程中提高了。

>> 总结提炼

怎样背单词才能战胜遗忘曲线

很多同学背了单词转头就忘,很是烦恼。

其实背完单词之后会忘记是很正常的,这不是因为你的记忆力差,而是我们的记忆本来就有一个衰减的过程,即遗忘曲线。

所以背完单词一定要复习,建议你以"一天""一周""一个月"的周期进行,一个新单词背上三五遍,就可以让它进入你的长期记忆,不会轻易忘记了。

背单词贵在坚持,有的同学一时兴起,一周背了几百个单词,其实远不如每天背30~50个,然后坚持复习的效果好。

此外,单词不能盲目背。

如果你的英语基础不好，一定要先背最常考的高频词汇，超出考纲的单词暂时搁置一边。

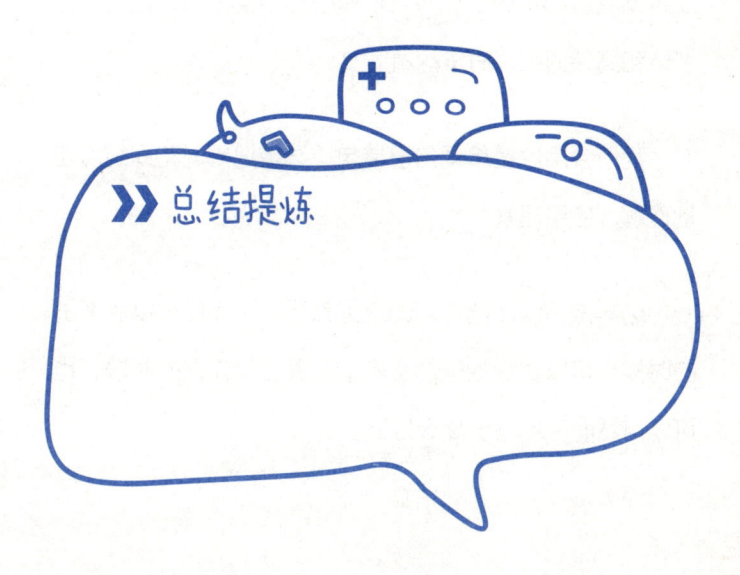

>> 总结提炼

如何在短时间内扩大词汇量

我上学的时候曾经用一个月的时间,把英语成绩提高了40分。

想知道我是怎么做到的吗?

我把试卷中出现的每一个生词都写在了专门的本子上,然后查阅字典,记下它们所有的中文意思、相关词性变体和高频词组,时常翻看。

我还会用这些单词自己造句,试着把单词和词组真正地理解、应用起来。

这样做不仅能把它们的意思都记住,而且在以后考试的时候,可以更快地理解文本的意思。写作文的时候,也可以自然而然地写出高级搭配。

学习英语，词汇是基础，词汇量扩大了，英语成绩自然就会快速提升。

总结提炼

假期做好三件事，轻松提高英语成绩

要说提分最慢的科目，英语必须拥有姓名。听、说、读、写，每一个能力都要靠积累，特别费功夫。所以提分效果最好的时候，就是寒暑假。那怎么利用寒暑假最大限度地提高英语成绩呢？其实你只需要做好三件事。

第一，每天背50个单词。背的时候一定要把词义、词性、读音都记下来。每天坚持复习一遍前一天背过的单词，第三天再复习前两天背过的。像这样把雪球滚下去，一个假期下来一本单词书至少可以记下80%。

第二，"三步走"，精读一篇文章。首先略读，大致读懂意思；接着精读，对照字典，学习字、词、句和语法知识；最后朗读加背诵，这样下来，一篇文章就算是真正地吃透了。

第三，看一部美剧或电影，中英文双语字幕的就可以。没听懂的句子暂停反复观看，基础稍好的同学可以试着把字幕关掉，也可以试着跟读。这对提高你的口语和听力都非常有帮助。至于内容，想看啥就看啥，感兴趣、能让你学进去才最重要。

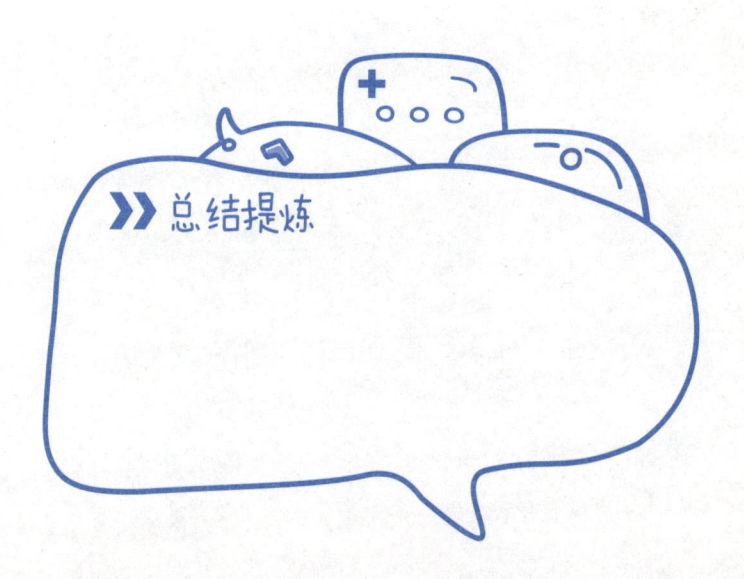

>> 总结提炼

面对考试
不紧张

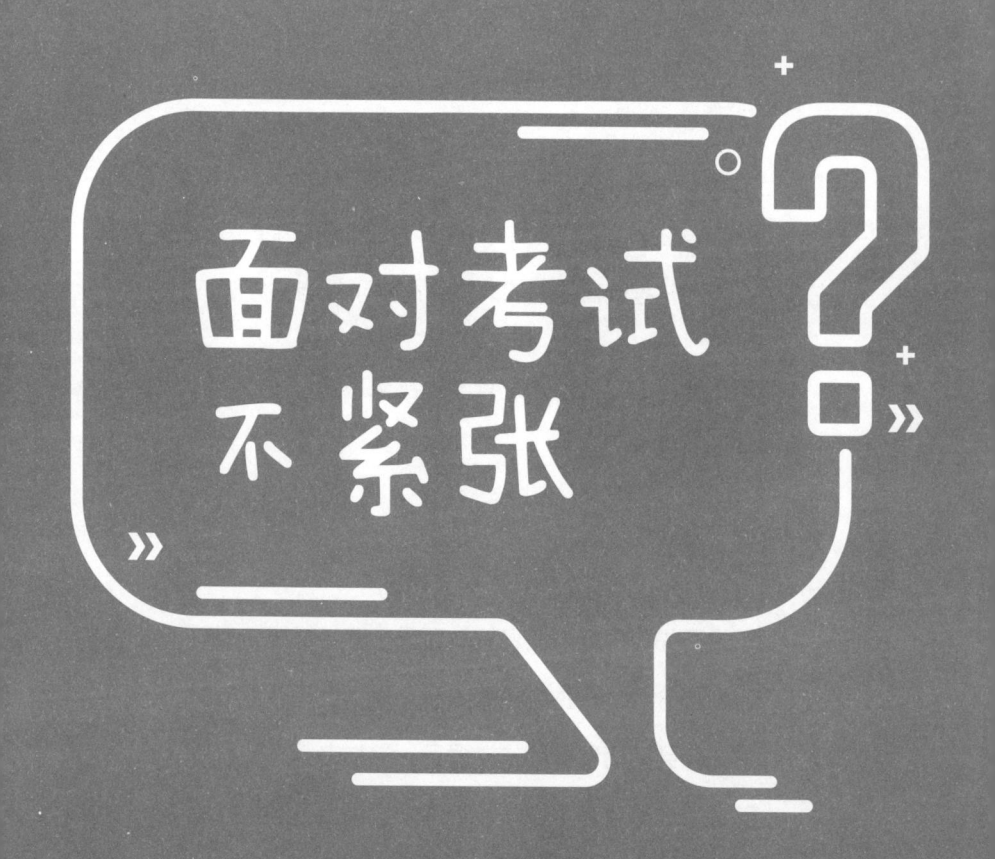

有一份考场锦囊请签收

小到阶段性的月考、期中、期末考,大到可能改变一生的中、高考,考试在我们的人生中占据了相当的分量。

如何在考场上保证自己正常发挥甚至是超常发挥呢?三个考场锦囊送给你。

第一,审题。

发下卷子先填好个人信息,然后马上开始看题,尤其是英语听力部分,一分钟也不要浪费。考语文和英语的时候,记得先翻到后面看一眼作文题目,这样在答题的过程中,大脑会自动整合有关作文的信息,遇到合适的素材可以迁移使用。

开考之后,一定要拿一支笔,把每道题的关键信息圈画出来,这样就不会因为"看错题"而丢分了。

第二，草稿纸。

对于需要大量计算的理科科目，草稿纸一定要写工整，验算思路清晰意味着你的思考是清晰的，这样做也不容易算错数。

保证计算题正确率的最好方法，就是把草稿纸分区，标上题号。在演算的过程中不跳步，清楚完整地写出计算过程。

第三，不论是不是电子阅卷，选择题的答案一定要先写在试卷上。

这样在考试结束后，可以估算正确率和分数，在模拟考、中考、高考等大型考试中也方便预测自己的排名。

对于不会做或者不确定答案的题目，要在题号上做一个标记，方便完成整张试卷后再进行思考以及考试后做试卷分析。

如果是电子阅卷，一定要保证留出充足的时间进行涂卡，否则就是"一场空"。

考试前认真复习，考场上稳定发挥，你也能成为最强王者。

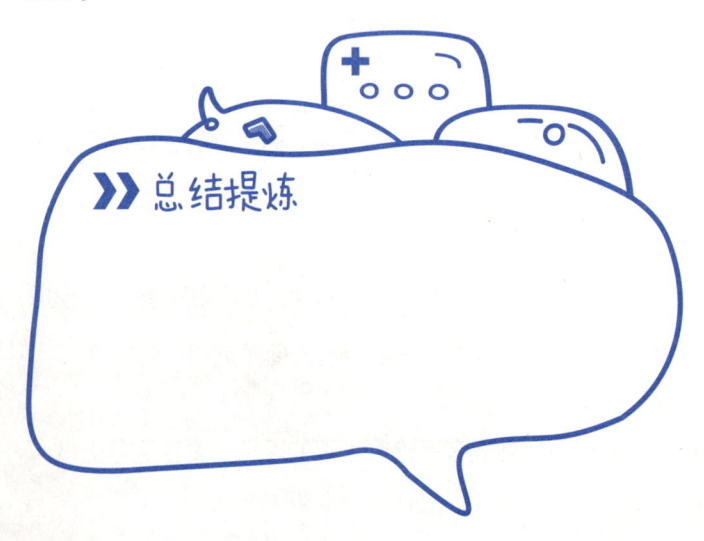

>> 总结提炼

考前高效复习法

俗话说，临阵磨枪，不快也光。不管你是学霸、中等生还是排名稍微靠后一点的学生，考前复习都是必不可少的环节。我的考前复习一共分为四个步骤：

第一步，拿出课本看目录。

首先，根据这次考试要考的内容确定复习范围。如果是阶段性考试，比如月考或者期中考，那复习范围就可以缩小到要考的单元；如果是期末考试，就要对整本书进行复习。复习也要有侧重，有的放矢才能事半功倍，因此在看目录的时候对于哪些单元是重点，哪些单元大体扫一眼即可，要做到心中有数。

第二步，复习单元核心知识点。

比如，就数学这个科目来说，最基础的概念、定理、例题等一定要认真复习，看的时候手里要拿着笔，边看边圈画重点，对照着上课做的笔记复习会更高效。

第三步，做题。

在前两步的基础上，针对每个知识点做相应的练习题，做完一轮题之后，可以开始做老师发的考前练习题和历年的模考题，这些题目跟你的正式考试非常相关，要认真对待。

第四步，复习错题本。

平时大家就要养成及时整理错题的好习惯。比如，老师讲完一套卷子，当天的自习课就把错题和错因总结在本子上，千万不要一拖再拖，积少成多后会非常费劲。每次考试前翻看错题本是特别有效的复习法，因为错题本上的内容正是你学习中薄弱的部分。细看一遍,确保考场上绝不再犯同样的错误。

复习是一件苦差事,但只要合理安排复习时间,恰当运用复习方法,你就可以信心满满地上考场了。

总结提炼

考前冲刺的那点儿事

考前冲刺做点儿什么才能让自己再多考十分呢？三个建议送给你：

第一，保持题感。

我知道大家考试前刷题肯定都快麻木了，但是一定要咬牙坚持每天做一套题，保持手感，这些热身运动会让你在考场上更加得心应手。

第二，回归基础。

临近考试，千万不要再去抠难题了，而是要抓住最能拿分的基础题和中档题。我高三复习的时候压根就不管数学的最后一道难题，最终也考了137分，会做的题不丢分才最重要。

第三，重点突破。

虽然距离考试的时间所剩无几，但在每个科目上，你都可以再找一两个最薄弱的地方来重点练习，分数还能涨一涨。三角函数一直是我的弱项，但我在高考前的两个月里刷了几十道这类真题，考试就多拿了20分。所以最后阶段千万别放松，坚持就是胜利。

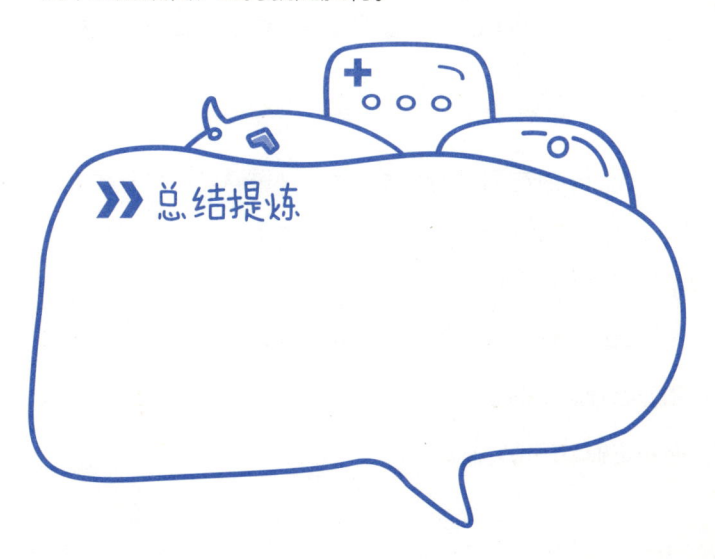

>> 总结提炼

训练这样的思维方式，考试才能拿高分

不知道大家发现没有，那些能拿高分的同学都有着类似的思维方式，那就是出题人思维。

他们做题的时候从来不会纠结老师出的题目是否奇怪，也不会在"这道题的答案凭什么不能这么写"上钻牛角尖。

他们在拿到题的时候直接思考出卷老师是为了让考生得出什么答案才这么写题干的。

他们平时在刷题的时候，也会注重通过对照答案，找出这道题的得分点和这类题的答题规律。

长此以往，到了考试的时候，读完题他们就能很快地知道老师想要的是什么答案、怎么答才能拿满分，做题效率和正确率都特别高。

所以，想要拿高分，大家一定要在平日里多训练自己的出题人思维。

总结提炼

悄悄告诉你老师判卷的秘密

最快提高成绩的方法是什么呢？不是抄公式、背课文，也不是疯狂地刷阅读题，而是练字。

现在的大考都是电子阅卷，老师每天要对着电脑看成百上千份卷子，如果你的字写得乱七八糟，真的是连读都读不下去，更不要说给高分了。

所以，如果你能把字练好，成绩一定会提高一个档次。

那该怎么练呢？

我的建议是，千万不要拿着字帖在上面描红，你需要记住的是字的间架结构，并且把它变成你的肌肉记忆。我自己的方法是把字帖放在旁边，再拿出一张白纸临摹。

刚开始的时候可能写得很丑,但是一遍遍认真地观察和临摹下来,你会发现你的字越写越漂亮。经过一段时间的练习之后,就可以写出一手非常工整好看的字了。

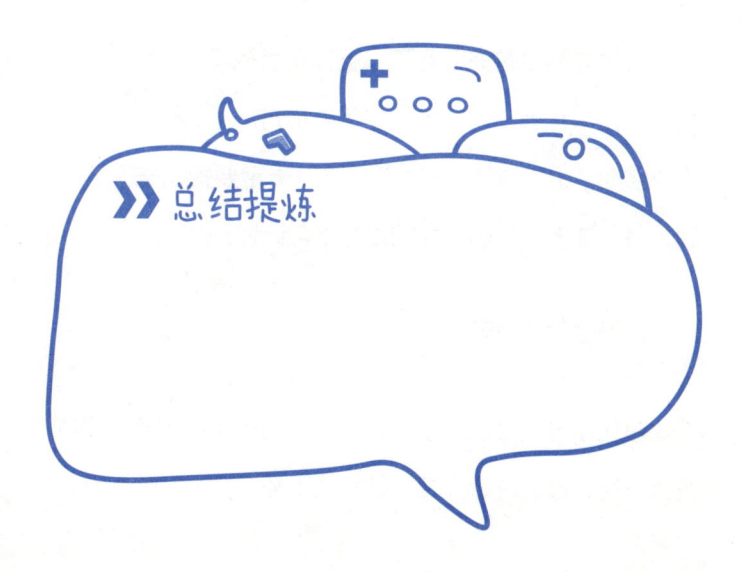

>> 总结提炼

自信走向考场，你叫"不紧张"

考前紧张是人之常情，这时可以做几个深呼吸，给自己一些积极的心理暗示。不要让紧张的情绪肆意滋长，影响你的考场发挥。

考试前会紧张，归根结底还是不自信，不妨先问自己一个问题，你复习好了吗？

考试之前没有充分复习，就像是上战场没有枪一样，要考的知识点都不会，那就是等着被打成"筛子"，心里自然会慌。所以要想考试不紧张，一定要把功夫下在平时，并且在考试之前，提前做好复习计划。

那要复习什么呢？

首先是考试范围内的知识点，然后把平时积累的错题再做一遍，最后再做几套新题找找手感。

只要我们平时好好学习、考前好好复习，考试就不在话下了，还紧张什么呢？

总结提炼

考试失利也是"宝"

一次考试没考好真的不算什么,你完全可以把它由一次单纯的打击,变为一个锻炼心理素质、反思上一阶段学习情况的好机会。面对考试失利,你可以这样做:

第一,分析考试失利的原因。

本着不放过每一道错题、每一个知识点的严谨态度,认真分析自己在那些该得分的地方是出于什么原因而丢分。

第二,仔细看自己卷子上的错题分布,总结出每一个科目的"涨分点"。

看看卷面上有哪些问题是自己可以解决的,在下一个阶段的学习中着重练习、各个击破。

第三，放平心态，胃口要小一点，不能一口吃个胖子。

只要相信，每一次考试都会比上次有所进步，一次一小步，积累起来就是惊人的一大步。

将挫折化为一笔财富，收入囊中，在下一次挑战中便可以为己所用。

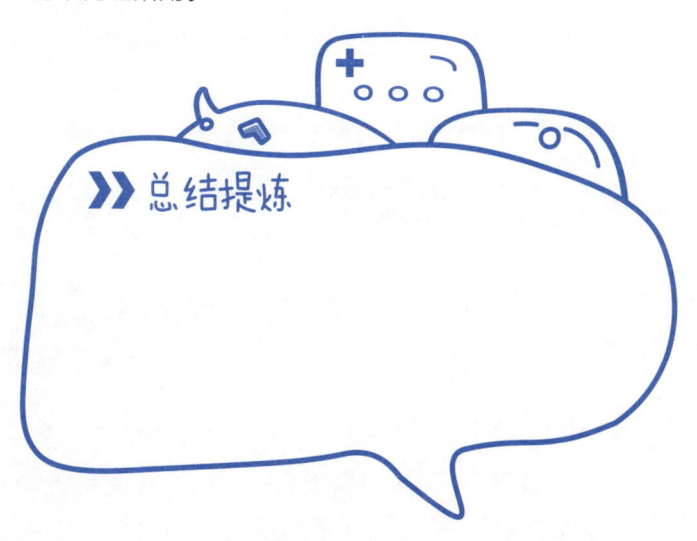

>> 总结提炼

求学之路莫彷徨

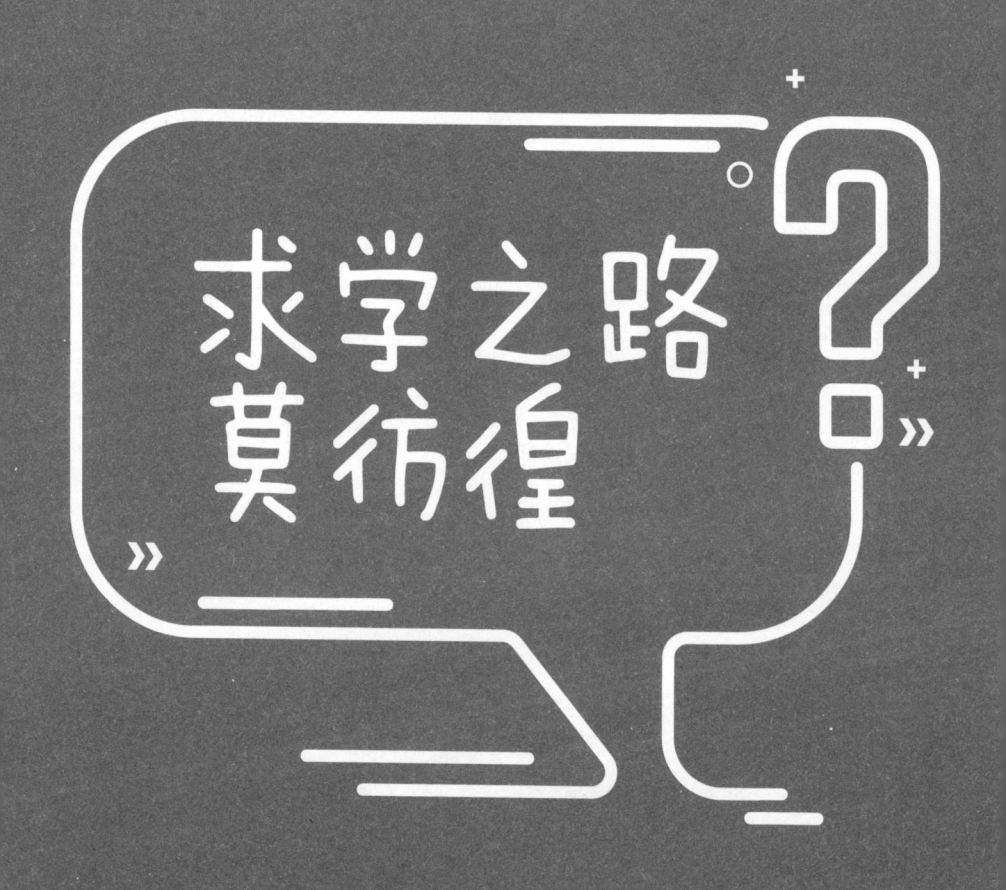

背诵的"保姆级"教程

我作为一个地地道道的文科生，除了数学之外，其他的科目都考过年级第一，在这里跟大家分享一个背诵的"保姆级"教程。

第一，千万不要死记硬背。

要在理解意思的基础上再进行记忆，尤其是对于那些第一眼看不懂的文言文和英语课文。

第二，切分整体，逐个击破。

要背的内容如果是很长一大段，让人看着就头疼，就可以根据文意，把文本切分成不同的部分，大约每三句话一组，再逐个击破。

第三，反复朗诵。

很多时候光看是记不住的,出声朗读可以帮助我们更加准确地理解文本信息,快速记忆。

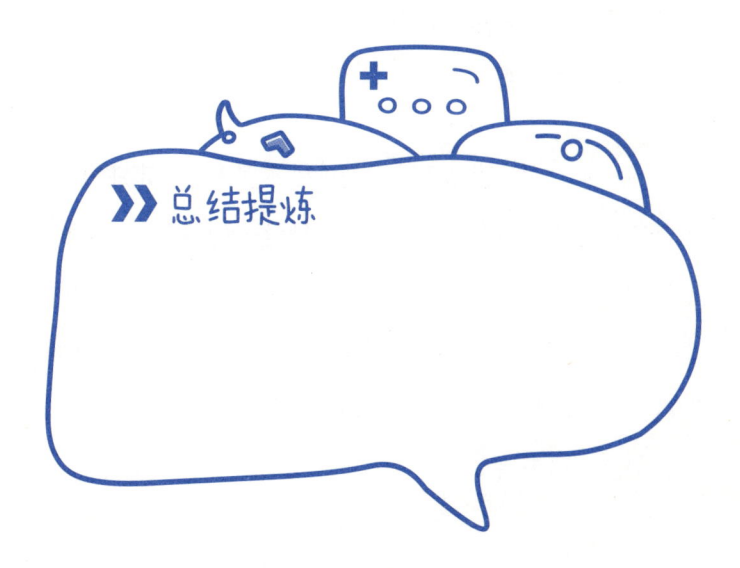

>> 总结提炼

"高端玩家"的错题操作指南

我们平时做作业、考试的时候,最怕看到的就是错题,其实错题是宝,可以帮助我们查漏补缺,快速提高成绩。

出现错题时,首先要做的,就是对照答案,梳理答题思路,分析错误原因——某个知识点没有掌握,还是答题套路不清楚,或者是粗心马虎犯错误。分析错因,对症下药,才能解决问题。

接下来,要把错题工整地整理到本子上。一定注意,整理错题绝不是机械化、不动脑地抄题干和答案,而是要把这道题的答题要点、错误原因都清楚地写出来,还要用不同颜色的笔标记出重点和难点,方便之后复习。我上学时的习惯是用黑笔写题干,蓝笔写答案解析,红笔标注重点、难点、易错点。

如果能通过一道错题，解决一个知识盲点或者一类问题，那么这道题就错得值。上次丢的分数，下次考试再遇到这类题的时候，就可以拿回来了。

总结提炼

做好"排雷"工作

在整理错题本时,我们常常会感觉如果把所有错的题目都抄下来,再把答案完整写一遍,工作量很大,如果错题多的话更是让人不耐烦,很有搬出"鸵鸟战术"一躲了之的冲动。该怎么解决这个问题呢?

我的方法是"抓重点"——在满篇的解题步骤中,抓出自己不会做或者反复错的"卡壳点"和"易错点",集中优势兵力,重点打击。

我们可以重新组织语言,只记录这一部分而略去题目的其他部分,也可以完整地记录解题过程,之后用红笔标出重点,以便在日后的复习中快速找到题目的要害。

但要注意,错题本的内容应尽量整洁、清晰,具有可读性,否则面对本来就时常做错、令人反感的题目,再配上乱七八糟的笔记,谁有毅力硬着头皮认真复习呢?

错题本的意义十分重大。一来，整理错题本的过程本身就是对易错难解题的再梳理，可以强迫自己对于错题不是得过且过，而是真正弄懂；二来，错题本是属于我们自己的个性化复习资料，里面都是自己容易错的、不熟悉的解题思路，并且因为有了先前对重点的提炼概括而更加简明扼要。考试之前，错题本实在是查缺补漏的"备考利器"。

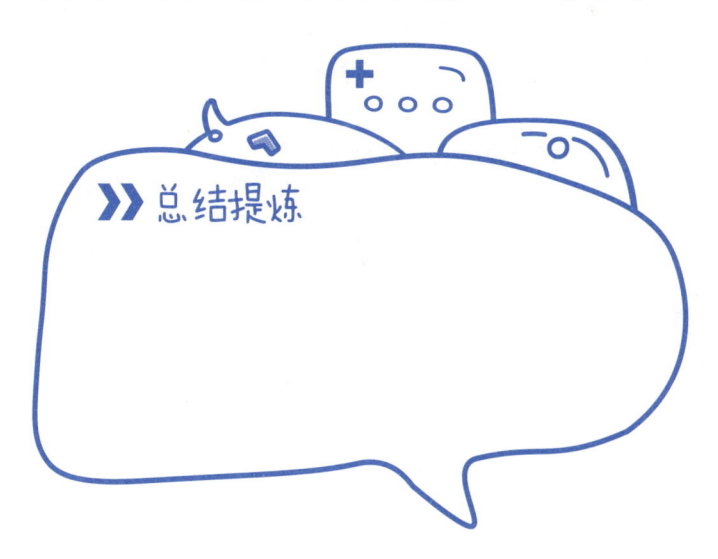

>> 总结提炼

一张作息表，
从不及格逆袭上北大

很多人只知道我从一个不及格的差生逆袭考上北大，却不知道我高三的时候到底有多努力。如果你也想像我一样逆袭的话，假期是关键突破口，一定要注意以下几点：

第一，作息规律。

早上8点起床，晚上12点之前睡觉，保证充足的睡眠。

第二，做好每天的学习计划。

把你认为现在学得最难、最费劲的科目放在早上学习，效果最好。

第三，利用碎片化时间听英语。

早上起床、洗漱、吃饭的同时都可以听课文和单词，不浪费任何一点儿宝贵的时间。给大家一份我高三假期的作息时间表作为参考：

时间	时长	事项	备注
8：00—9：00	1小时	边听英语边洗漱，吃早饭，准备学习	
9：10—10：30	1小时20分	第一科	头脑最清醒，学习最重要的科目
10：40—12：00	1小时20分	第二科	
12：00—14：00	2小时	午饭+午休	
14：10—15：30	1小时20分	第三科	
15：40—17：00	1小时20分	第四科	
17：00—19：00	2小时	晚饭+休息	
19：10—20：30	1小时20分	强化科	头脑最清醒，学习最重要的科目
20：40—22：00	1小时20分	复习科	
22：20—23：00	40分钟	背单词	每天进行

(续)

时间	时长	事项	备注
23：00—23：30	30分钟	边听英语边洗漱，准备睡觉	
24：00前睡觉			

>> 总结提炼

学习就是在脑海里 "织一张网"

学习中,你是不是也常常遇到这样的情况:背书的时候感觉自己都掌握了,可一到考试大脑就一片空白,还经常混淆知识点,导致考试一直失分,出了成绩后追悔莫及?

这是因为你把知识点当成课文来背了,只是机械地背诵一些七零八碎的句子和知识点,没有用逻辑把它们联结起来,不仅背起来费劲,而且忘得也快,当然行不通。

如果你能把知识点串联起来,在脑海中"织成"一张紧密的网,让记忆环环相扣、有迹可循,就不会轻易忘记了。

所以大家在背东西的时候一定要对知识点进行梳理和整合,不仅要背,还要边背边做笔记,或者画思维导图帮助记忆。

如此，考试的时候就不会像大海捞针一样，脑子一片空白了。

>> 总结提炼

保持专注高效，不做"困"难户

你是不是一到下午上课的时候就特别困，根本打不起精神，听课效率极低呢？

想要在一天的时间里都保持良好的精神状态和注意力的确很难，但可以借助一些方法来改善。

最简单的做法就是午睡一会儿。

需要注意的是，午睡时间最好控制在20~30分钟之间，不要超过半个小时。

否则，当你进入深度睡眠再被叫起来的时候，反而会感觉更加困倦。

午睡之后如果还是感觉困倦，可以站在窗边，向外看着天空，尽量让更多的光进入你的眼睛。

阳光刺激视神经之后能进一步刺激下丘脑，减少褪黑素的分泌，降低困意。

总结提炼

你也可以过目不忘

如果学过的知识总是很快就忘了,那下面这两个方法肯定适合你,对每一科的学习都会有帮助。

第一个方法,睡前过电影记忆法。

每天睡觉前留出半个小时,不借助任何额外的工具(比如手机、笔记、电脑等),只是闭上眼,靠大脑回忆当天你学过的知识,比如重点公式、解题方法、背过的单词、做错的题目和做错的原因等,让它们像过电影一样在你的脑子里面过一遍。

刚开始的时候你可能会觉得很痛苦,因为知识太多,又很冗杂,回忆起来没有条理,这时候就可以试试按照科目来分门别类地进行回忆。

养成习惯之后,你会发现,第二天起来的时候,昨天学过的知识还牢牢地印在脑子里，慢慢地就会形成自己的知识体系。

第二个方法，分层次记忆法。

如果要背的知识很长又很晦涩，那建议你把要背的这一段话分成几个层次。在每个层次里找几个关键词，先把这些关键词记住，并作为串联整段文字的线索去背。

在开始背诵之前，先大声朗读几遍。开始时可以读得慢一点，让目光能看到整行的内容，这样会帮助文字形成逻辑记在大脑里。

同时手、眼、心、脑并用，边读、边背、边写、边想，把身体的全部感官都调动起来，背书就会特别快。

这个世界上没有笨孩子，只有还没有找到方法的孩子。掌握了这个方法，你也可以做到过目不忘。

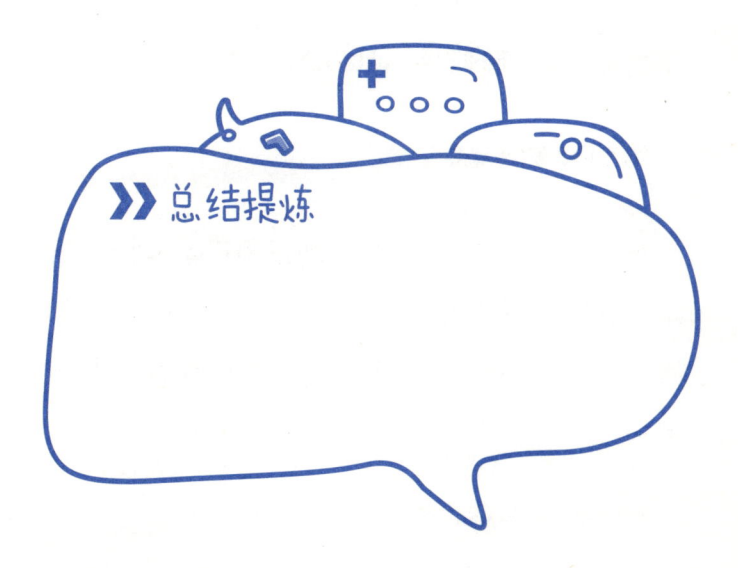

>> 总结提炼

戒手机的组合拳

如果你学习的时候总是忍不住玩儿手机,那么下面这套戒手机的组合拳送给你。

第一招,把手机调成静音。

静音的同时,一定要把手机里App的消息提醒关掉,不给它一点刷存在感的机会。我的手机是常年静音的,所以在我学习和工作的时候,谁也别想打扰我。

第二招,物理隔离。

把手机放远一点,放到你看不见也拿不着的地方,等到作业做完了再去看手机。我上学的时候会把手机放在书包最下面一层,回家后再把书包放在房间的角落。当我手痒的时候,一想到拿手机要这么麻烦,也就算了。

第三招,场外援助。

如果还是感觉控制不住自己这双手，就可以找人帮助你。比如，在学校里找一个学习伙伴，两个人一起自习，互相监督。你也可以把手机交给父母，让他们帮你看管，等到作业都写完了再拿回来。

总结提炼

画出来的思维

思维导图就是用图表的形式把知识点进行梳理和整合，听起来高级，其实并没有那么复杂。

那我们为什么要做思维导图呢？

课本上的文字量很大，逐字背诵很浪费时间，如果你用思维导图把每个单元的内容整理出来，可能就只有一张A4纸大小。要背的东西变少了，当然会记得更牢。

思维导图有很多，其中表示上下关系的树状图、表示流程的线状图和表示整体与部分的环抱图都是很常见的。我最常用的是环抱图，用它来整理地理和政治的知识点最适合不过，历史适合把线状图和树状图结合起来做成时间轴。

其实用哪种思维导图都不要紧，你甚至可以发明一种自己用得惯的，重要的是你要用流畅的思路，把原本杂乱零落的知识点整理出脉络，让它们在脑海里变得有条理，帮助记忆。

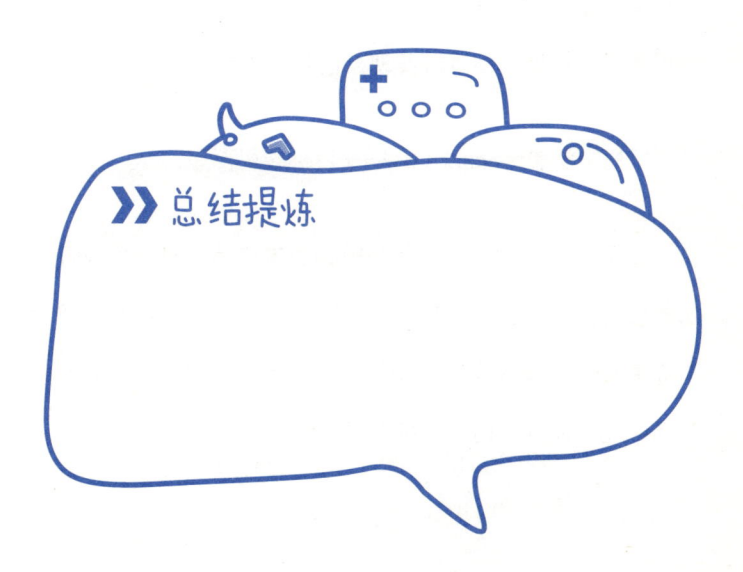

>> 总结提炼

五个字母让你完成逆袭

新学期开始如何制定学习目标实现逆袭呢？你可以参考"SMART"原则：

"S"代表specific——目标要具体。

比如"我要提高数学成绩"这个目标就不够具体，但"我要把数学卷子上计算题的错误减少到5分以内"就非常具体了。目标具体才好实现，也会更有动力。

"M"代表measurable——目标要可衡量。

还是同样的例子，"我要提高数学成绩"是一个没办法衡量的目标，但如果把目标定成"下次考试，我要把数学提高10分"就是可以衡量的了。设定可衡量的目标才能对结果加以检验，目标不合理时也能及时调整。

"A"代表attainable——目标一定是可以实现的。

比如你现在的数学成绩大概40多分,如果把目标设置成下次考试达到90分,就是一个不太实际的目标,但努力一段时间考个及格还是可以一试的。目标不能设定得太高,好高骛远者往往空怀奇想,落空而归。

"R"代表relevant——目标要与提高成绩切实相关。

如果你目前最想提高的是数学成绩,但却让自己每天坚持读一个小时的英文原版小说,就和你的目标不相关了。

"T"代表time-bound——给目标设置一个时限。

以每个月或者期中、期末为单位去设定目标都是不错的选择，做事给自己一个最后期限，别让拖延症毁掉了你。

总结提炼

图书在版编目（CIP）数据

北大学姐的高分秘籍/李若辰著. -- 北京：北京联合出版公司，2022.6
（学习没有那么难）
ISBN 978-7-5596-5868-5

Ⅰ.①北… Ⅱ.①李… Ⅲ.①学习方法－中学－教材 Ⅳ.①G632.46

中国版本图书馆CIP数据核字（2022）第017941号

北大学姐的高分秘籍

作　　者：李若辰
出 品 人：赵红仕
选题策划：木晷文化
策划编辑：朱　笛
责任编辑：牛炜征
特约编辑：李慧佳
装帧设计：见白设计

北京联合出版公司出版
（北京市西城区德外大街83号楼9层　100088）
河北鹏润印刷有限公司印刷　　新华书店经销
字数32千字　　787毫米×1092毫米　　1/32　　3.5印张
2022年6月第1版　　2022年6月第1次印刷
ISBN 978-7-5596-5868-5
定价：89.00元（全三册）

版权所有，侵权必究
未经许可，不得以任何方式复制或抄袭本书部分或全部内容
本书若有质量问题，请与本公司图书销售中心联系调换。电话：010－82069336